MAT GIOI

(ALBERT DE POUVOURVILLE)

UN
POINT D'HISTOIRE COLONIALE

LE GÉNÉRAL RESTE

L'INSTIGATION AU VOL. — LE VOL. — LE PROCÈS. — LE VERDICT
DE LA JUSTICE CIVILE. — LA PLAINTE EN JUSTICE MILITAIRE

PRIX : 1 FRANC

PARIS

NOUVELLE LIBRAIRIE PARISIENNE
ALBERT SAVINE, ÉDITEUR
12, RUE DES PYRAMIDES, 12

1892

UN POINT D'HISTOIRE COLONIALE

IMPRIMERIE DE SAINT-DENIS. — BOUILLANT, 20, RUE DE PARIS.

MAT GIOI
(ALBERT DE POUVOURVILLE)

UN
POINT D'HISTOIRE COLONIALE

LE GÉNÉRAL RESTE

L'INSTIGATION AU VOL. — LE VOL. — LE PROCÈS. — LE VERDICT
DE LA JUSTICE CIVILE. — LA PLAINTE EN JUSTICE MILITAIRE

PARIS

NOUVELLE LIBRAIRIE PARISIENNE
ALBERT SAVINE, ÉDITEUR
12, RUE DES PYRAMIDES, 12

1892

Cette brochure ne présente ni une discussion, ni une attaque, ni une conclusion, mais une constatation impersonnelle.

Elle renferme uniquement, et sans aucun argument, des documents officiels et des pièces judiciaires, ayant la force de la chose jugée, qui acquerront, à être livrés à la publicité française, la lumière et la valeur que n'a pu leur donner la publicité restreinte de l'Extrême-Orient.

A. P.

UN POINT D'HISTOIRE COLONIALE

LE GÉNÉRAL RESTE

A la fin du mois de juin 1892, des papiers disparaissaient dans les bureaux de *l'Indépendance Tonkinoise*, journal quotidien de Hanoï, rédigé par M. Le Vasseur, ancien officier de la légion étrangère.

Ces papiers étaient la copie d'un article, naguère paru dans le journal, et étaient de l'écriture de M. de Pouvourville, lieutenant à la légion étrangère, ancien camarade et ami de vieille date de M. Le Vasseur.

Le 9 juillet suivant, à Sontay, le lieutenant de Pouvourville passait en conseil d'enquête, sous l'inculpation de collaboration à *l'Indépendance Tonkinoise* : et, comme unique preuve de cette collaboration, le président du conseil d'enquête, général Voyron, présentait au lieutenant accusé les papiers, au nombre de six, dérobés dans les bureaux du journal, et déclarait les avoir reçus, le matin même, de M. le général Reste, commandant en chef les troupes de l'Indo-Chine.

M. Le Vasseur, immédiatement prévenu, fit des recherches, mais ses soupçons s'égarèrent ; et le 23 juillet, à un autre conseil d'enquête devant lequel paraissait M. Le Vasseur, en qualité d'officier de réserve, le général Voyron lui représentait les mêmes papiers.

— Les coupables semblaient devoir rester inconnus : l'affaire semblait éteinte : le lieutenant de Pouvourville était rentré en France à la suite du conseil d'enquête où il avait comparu ; lorsque, au commencement de septembre, deux compositeurs annamites de *l'Indépendance* vinrent, à la suite d'une rixe, dénoncer le compositeur-chef, le nommé Chuan, comme ayant volé les papiers sur le bureau de M. Le Vasseur.

Chuan, immédiatement arrêté et emprisonné, garda le silence pendant un mois, espérant toujours être relâché faute de preuves, et grâce à de hautes influences qu'on lui avait dit se remuer pour lui ; au bout de ce temps, il se décida à entrer dans la voie des aveux. Il désigna le sieur Darribes, ancien gérant du journal, comme lui ayant offert de l'argent pour commettre ce vol. Le sieur Darribes, gérant de *l'Indépendance* pendant une absence en France de M. Le Vasseur, avait été congédié dès le commencement de 1891, pour avoir abusé de la confiance et de la longanimité de son directeur, auquel ces abus furent indiqués précisément par M. le lieutenant de Pouvourville : ce qui explique l'animosité de Darribes contre cet officier.

Après quelque temps de silence, Darribes avoua que la proposition du vol de papiers à l'écriture de M. de Pouvourville, lui avait été faite par M. le capitaine Devrez, de l'État-major, aide de camp de M. le général Reste, et que c'était de M. le capitaine Devrez qu'il tenait les vingt dollars destinés à soudoyer et à récompenser les voleurs.

A son tour inculpé, M. le capitaine Devrez déclara qu'il n'avait agi que par ordre de ses chefs, et qu'il n'avait de compte à rendre qu'à eux seuls.

Dès ce jour la filière qu'avaient suivie les papiers des bureaux de *l'Indépendance* aux mains du général en chef était connue de tous, et la complicité du général apparaissait à tous les yeux.

Néanmoins, comme aucune preuve matérielle n'était faite, Chuan, Derribes et Devrez furent seuls cités à comparaître, le 7 octobre 1892, devant le tribunal de Hanoï.

L'affaire, appelée, fut remise à quinzaine, pour que le capitaine Devrez eût loisir de préparer sa défense. Pendant ce temps, le général Reste cita le capitaine Devrez devant le conseil de guerre de Hanoï, afin d'élever un conflit de juridiction, et d'arracher les inculpés à la magistrature civile, dont on craignait les lumières et la justice.

Pendant ce temps également, M. le juge d'instruction Ferran se transporta chez le général Reste, pour, en qualité de témoin, l'interroger, et lui demander la provenance des papiers volés, et la façon dont ils étaient tombés en sa possession.

Nous donnons ici le procès-verbal des réponses faites par le général Reste à M. le juge d'instruction Ferran :

PROCÈS-VERBAL

Introduit dans le cabinet de M. le général en chef, nous lui avons demandé la permission de faire entrer notre greffier pour recevoir sa déclaration dans les formes prescrites. M. le général Reste, qui connaissait l'objet de notre visite, s'y est refusé pour les motifs suivants, que nous avons consignés textuellement sous sa dictée.

1.

« *Le général en chef se refuse à répondre à un interrogatoire, parce qu'il considère qu'une pareille attitude de
sa part serait une injure faite à l'Armée, qui est uniquement
ment visée dans la plainte portée par M. Le Vasseur. Il se
retranche d'ailleurs derrière ses devoirs professionnels,
qui lui interdisent de donner connaissance à personne,
sauf à ses chefs, les ministres de la Guerre et de la Marine,
des questions relatives à la discipline.* » Nous avons fait
remarquer à M. le général Reste qu'il ne s'agissait pas
pour lui de subir un interrogatoire : que nous venions
simplement lui demander un renseignement, qu'il pouvait
peut-être nous fournir, et qui était utile à l'information
d'une affaire criminelle dirigée contre un indigène et
un Européen non militaire : savoir de quelle manière le
manuscrit soustrait dans les bureaux du journal l'Indépendance se trouvait ou s'était trouvé entre les mains de
l'autorité militaire.

« *Cette pièce, a répondu le général Reste, a été trouvée
par moi sur mon bureau, un matin, vers huit heures, sous
enveloppe à mon adresse. Après en avoir pris connaissance,
je l'ai remise au président du Conseil d'enquête. J'ignore
d'où elle vient.* »

« *Avant de nous retirer nous avons insisté de nouveau
auprès de M. le général en chef pour qu'il veuille bien
nous faire sa déclaration dans les formes légales, c'est-
à-dire après serment, en présence du greffier, et signer
ladite déclaration. M. le général Reste a persisté dans son
refus, disant qu'il considérait cette affaire comme sans
importance ; que, pour quelques papiers disparus, aucune
plainte n'aurait été portée ni la justice mise en mouvement,
si l'on n'avait eu pour but de jeter la déconsidération sur
l'Armée, que cette poursuite n'était qu'un prétexte pour
atteindre l'Armée ; que, dans ces conditions, le chef de
cette Armée estimait qu'il était de son devoir de ne pas*

répondre, de sa dignité de ne pas signer quelque déclaration que ce soit.

En foi de quoi nous avons dressé le présent procès-verbal que nous avons signé seul.

Signé : FERRAN.

C'est sur ces bases que, le 21 octobre, l'affaire fut appelée au tribunal de Hanoï.

Un déclinatoire d'incompétence fut introduit, en faveur des inculpés, qui se réclamaient de la juridiction du 2ᵉ Conseil de guerre, le commissaire-rapporteur dudit conseil ayant promis, en cas que l'affaire vînt en justice militaire, l'acquittement des trois prévenus, ainsi qu'il appert d'une déposition sous serment du sieur Darribes, déposition contresignée de M. le Procureur de la République.

Le Tribunal s'étant déclaré compétent, il est passé outre, et les débats sont immédiatement ouverts.

LES DÉBATS

La culpabilité de M. le général Reste.

Extrait de l'interrogatoire de Darribes :

« Une fois que les papiers volés furent en ma possession, je me rendis à l'État-major pour les remettre au capitaine Devrez ; mais, comme ce dernier était absent, et que je ne

voulais pas, pour une affaire semblable, avoir à passer par l'intermédiaire d'autres personnes, je me rendis moi-même chez le général, auquel j'ai remis lesdits papiers. Le général n'en ignorait nullement la provenance, et je lui expliquai même les difficultés que j'avais eues pour me les procurer. Le général n'a fait que me remercier. Voyant plus tard dans quelle voie déplorable je m'étais lancé, j'écrivis au général une lettre qui est restée sans réponse. »

LETTRE DU SIEUR DARRIBES AU GÉNÉRAL RESTE

DÉTERMINANT LA PART DE CE DERNIER DANS LE VOL COMMIS

« Mon Général,

« Je me suis compromis dans le but de vous aider a exécuter un de vos officiers, et je reconnais que les moyens qui ont été employés, sur la demande et avec la participation du capitaine Devrez, ne sont pas corrects. Aujourd'hui, s'il y a des inculpés dans cette affaire, ce n'est que grace a la publicité que vous avez eu le tort de donner au document que je vous ai remis. J'ai fait des aveux : toutefois, je vous ai couvert, pensant que vous considéreriez comme vôtre la manière de faire qui a été employée. Un de vos officiers est également compromis, plus que moi-même. Je fais un dernier appel a vos sentiments de loyauté,

VOUS DÉCLARANT QUE, SI VOUS NE CROYEZ PAS DEVOIR ENTRER EN SCÈNE, DE VOTRE INITIATIVE PRIVÉE, J'AURAI LE REGRET DE COMPLÉTER MES AVEUX, C'EST-A-DIRE D'AFFIRMER QUE JE VOUS AI REMIS CE DOCUMENT A VOUS-MÊME, ET QUE JE NE VOUS AI PAS LAISSÉ IGNORER LES MOYENS DONT IL AVAIT FALLU SE SERVIR POUR EN OBTENIR LA POSSESSION.

« DARRIBES. »

Le Tribunal précise encore la responsabilité du général Reste par les deux questions suivantes :

MINISTÈRE PUBLIC. — *Êtes-vous bien sûr que cette lettre soit parvenue à son adresse, et sur quoi vous basez-vous pour affirmer que ladite lettre a été remise entre les mains du général ?*

DARRIBES. — *Je l'ai recommandée, et j'ai demandé un accusé de réception : le reçu est aux mains de mon avocat.*

PRÉSIDENT. — *A votre retour de Bac Ninh, le capitaine Devrez n'est-il pas venu à votre rencontre ?*

DARRIBES. — *Effectivement, le capitaine Devrez est venu à ma rencontre, et il m'a dit : « C'est ennuyeux, nous avons une histoire sur les bras, au sujet des papiers volés ; j'ai eu avec le général différentes entrevues à ce sujet ; je ne sais pas comment nous en sortirons ».*

RÉQUISITOIRE DE M. ASSAUD

Procureur de la République, Ministère public.

« *Messieurs,*

« *J'éprouve un réel embarras ; — je me lève en proie à une profonde émotion, qui n'est point factice, croyez-le ; elle m'étreint d'une façon trop poignante !*

« *Eh quoi ! serait-il possible qu'un général français fût capable de recevoir en plein visage un outrage aussi sanglant que celui contenu dans la lettre de l'inculpé Darribes, sans la moindre protestation de sa part ?*

« *Un inculpé de vol qui en appelle à un général en l'invitant à entrer en scène, à venir prendre la part de la responsabilité qui lui incomberait dans le délit retenu à sa charge, et cet officier général qui ne bondit pas sous l'outrage, qui laisse cette lettre infâme sans réponse, qui n'en appelle pas à la protection du Procureur de la République !*

« *Mais alors, Messieurs, que penser ? Mes idées se troublent, ou plutôt elles se précisent dans des conditions qui m'effrayent moi-même. La réponse à cette lettre ne serait-elle pas la poursuite de Darribes devant le Conseil de guerre ? La réponse à cette lettre ne serait-elle pas, malgré les dénégations de cet officier, la promesse d'un acquittement fait à Darribes par M. le Commissaire-Rapporteur près le 2ᵉ Conseil de guerre ? Et le refus du général, de déposer devant la justice de son pays, refus dont nous parlerons tout à l'heure, ne serait-il pas motivé par un* dernier scrupule, par la crainte de faire un faux témoignage ? S'il en était ainsi alors, M. le général Reste serait à la fois juge et partie dans sa propre cause et, en poursuivant l'acquittement de ces inculpés, il poursuivrait donc sa propre absolution ?

« Eh bien, Messieurs, le courage me manque, je l'avoue; je laisse à d'autres le soin de répondre aux questions que je pose !

« Si j'ai été très bref sur cette question, il y en a une autre ou la dignité de la magistrature se trouve engagée, ce qui nous oblige à nous étendre davantage.

Je vous disais tout à l'heure que le général avait refusé de répondre au magistrat instructeur : il faut que tout le monde sache que la justice entend être respectée, même d'un général...

« Nous aurions pu, que dis-je, nous aurions dû, nous conformant au décret de 1891, faire citer M. le général Reste par ministère d'huissier ; nous aurions pu, s'il avait refusé de répondre, requérir contre lui l'application des peines qu'édicte la loi contre tout témoin défaillant. Nous ne l'avons pas fait parce qu'il ne pouvait nous convenir de violer à propos de M. le général Reste les usages séculaires de haute courtoisie et de déférence réciproque qui existent et qui existeront toujours entre l'Armée et la Magistrature.

« Si notre surprise reste profondément pénible, nous devons dire que nous ne regrettons rien de ce qui a été fait, notre excessive courtoisie dût-elle être taxée de faiblesse !

« Un fait indiscutable se dégage de l'instruction et des débats : un manuscrit a été soustrait au préjudice de M. Le Vasseur, et a passé des mains de son légitime propriétaire dans celles de M. le général Reste. Nous pensions que M. le général Reste n'était qu'un tiers possesseur de bonne foi et qu'il suffirait à la justice de dire à l'officier *général que la pièce qu'il détenait avait une origine frauduleuse pour qu'aussitôt il considérât comme un devoir de citoyen de devenir notre auxiliaire.*

« Nous pensions pour cela que, respectueux de la loi, M. le général Reste n'entrerait pas en rébellion ouverte avec elle et qu'il consentirait tout au moins à déposer selon les formes qu'elle prescrit. Nous nous étions trompé ! Nous pensions encore que les questions de discipline, quand elles avaient pour base un délit, devaient s'effacer devant l'exercice de l'action publique, tout comme le juge sursoit à statuer quand on argue de faux l'une des pièces sur lesquelles repose le procès. Nous nous étions, paraît-il, trompé une fois encore : soustraire un manuscrit chez un journaliste ne serait pas un vol, serait affaire sans aucune importance. Je serais personnellement curieux de savoir si, en vertu de ce principe, il est loisible aux citoyens de soustraire des documents sur le bureau de M. le général en chef, sans encourir aucune pénalité ? Mais si nous avons pensé tout cela, il y a une chose, nous l'avouons humblement, que nous n'avions jamais supposée, qui est peut-être unique dans les annales judiciaires, c'est la possibilité de voir la Magistrature outragée dans l'exercice de ses fonctions par un général commandant en chef. C'est pourtant ce qu'a fait M. le général Reste, qui n'a pas craint de dire au magistrat instructeur en fonctions que cette poursuite n'avait D'AUTRE BUT QUE D'ATTEINDRE L'ARMÉE.

« Eh bien, nous demandons, à notre tour. du haut du siège du Ministère public, à M. le général en chef, quel est le but de la poursuite qu'il a depuis ordonnée lui-même contre ces mêmes inculpés, à raison du même fait ?

« Quand l'outrage part de bas nous le dédaignons volontiers ; quand il tombe de la bouche d'un général NOUS AVONS POUR DEVOIR DE LE RELEVER, EN NOUS METTANT SOUS LA PROTECTION DE M. LE PROCUREUR GÉNÉRAL, ET SOUS

CELLE DE NOTRE CHEF SUPRÊME A TOUS DEUX, M. LE GARDE DES SCEAUX LUI-MÊME...

« *Et maintenant, Messieurs, que le Ministère public a, dans toute la plénitude de son autorité et de son indépendance, et malgré toutes les barricades procédurières édifiées à plaisir sur sa route, rempli la pénible mission qui lui incombait, il croit de son devoir d'en appeler à la paix, à l'union et à la concorde !...*

« *Ah ! qui que vous soyez, général ou journaliste, ne mettez jamais plus la justice dans la pénible obligation de découvrir des misères qui nous atteignent tous, que tous nous devrions cacher.*

« *Puisque satisfaction doit rester à la Loi, que le tribunal use de bienveillance, afin que sa décision appelle après elle la paix et la concorde, et que cette malheureuse affaire devienne le tombeau de tous nos malentendus et de nos haines.* »

PLAIDOIRIES DES DÉFENSEURS

M. Deloustal, défenseur de Darribes, le capitaine Devrez ayant fait défaut, et le Tribunal en ayant pris acte et passant outre :

Aujourd'hui, Messieurs, que vous connaissez la vérité, que vous savez comment les faits se sont passés, vous ne pouvez punir les instruments, du moment que l'instigateur, le vrai coupable, ne serait atteint d'aucune peine.

Condamner les trois accusés serait à mon avis une faute

1...

trés grave et injuste même, car si on ne se permettait pas de le dire hautement, on pourrait bien le dire bas, que, n'ayant pu atteindre le grand, vous vous ètes rabattus sur les infiniment petits. Et bien, non, je ne le crois pas.

Vous acquitterez tout simplement les trois accusés, et cet acquittement, par les considérants motivés de votre jugement, sera la condamnation de l'instigateur principal du délit reproché à mon client.

J'aurais désiré, Messieurs, défendre mon client, même après ses derniers aveux, aveux qu'il n'a pas faits jusqu'à ce jour sur mes conseils (je n'ai pas à m'en cacher), sans prononcer le nom de M. le général Reste ; mais cela m'est impossible, ne pouvant laisser supporter à mon client seul le lourd fardeau de la faute qu'il a commise si inconsciemment.

J'avais, jusqu'au dernier moment, caressé le fol espoir que ces tristes débats n'auraient pas lieu, j'avais cru que M. le général Reste, après les aveux de Chuan qui ont amené ceux de mon client, aurait compris que son devoir était de couvrir de sa haute personnalité ceux qui aujourd'hui ont le triste et malheureux honneur de comparaître devant vous.

C'est cet espoir qui m'avait fait conseiller à mon client, ainsi que j'ai eu l'honneur de vous le dire, de taire le nom de M. le général Reste.

Je caressais cet espoir par honte du scandale, et cependant diverses pièces du dossier me démontraient clairement que ce que je caressais était une chimère.

Que M. le général Reste me permette de lui dire de cette barre, qu'il a mal agi dans cette triste affaire ; qu'il n'aurait pas dû oublier qu'un de ses officiers que je n'ai pas mission de défendre, mais dont je suis forcé de parler, était compromis, et qu'après les aveux de Darribes son devoir était de se découvrir, et hardiment.

Qu'aurait fait M. le Procureur de la République si M. le
général Reste était venu lui dire : « C'est moi qui ai donné
ces instructions à mon capitaine, il n'a agi que sur mes
ordres » ?

M. le Procureur de la République aurait-il poursuivi
les trois accusés ici présents et laissé de côté M. le général
Reste ? Non.

Il aurait envoyé le dossier à qui de droit, et je n'aurais
pas aujourd'hui à défendre mon client.

Nous n'aurions pas eu ainsi, Messieurs, le spectacle de
voir deux de nos compatriotes, dont un officier de notre
armée, assis sur les bancs où nous ne voyons habituelle-
ment que des boys plus ou moins propres.

M. le général Reste a préféré accepter le sacrifice de son
officier, je n'ai pas mission de le défendre, mais qu'il me
soit permis de m'incliner très respectueusement devant
M. le capitaine Devrez.

De même qu'il aurait donné sa vie pour son chef sur le
champ de bataille, il lui fait aujourd'hui le sacrifice de ce
qu'il a de plus précieux : son honneur ! Devais-je pour
mon client le suivre dans cette voie ? Je ne le crois pas.
J'ai fait tout ce qui dépendait de moi pour donner le temps
à M. le général Reste d'agir ; il n'a pas cru devoir le faire,
que tout retombe sur lui : sur lui, Messieurs, le seul coupable, le seul que votre devoir de juges vous oblige à condamner en acquittant les autres.

Je n'ai plus à m'en cacher, c'est moi qui ai retardé, je
vous le répète, les derniers aveux de mon client. Dès le
début de cette triste affaire, il m'avait tout caché. Le jour
où chacun a fait ses aveux, je me suis empressé de l'en
saisir.

Que faut-il faire, m'a-t-il dit ?

Dire tout !

Ce jour-là, j'ai appris toute la vérité, que j'avais entrevue ;

je lui ai conseillé, dans son intérêt, d'aller tout raconter à
M. le Procureur de la République, mais de taire le nom
du général Reste.

Pourquoi ces conseils? Par honte du scandale ; j'espérais,... j'espérais quoi ? Je ne pourrais guère vous le dire,
mais je pensais que M. le général Reste aurait agi et que
nous n'aurions pas assisté à ces tristes débats. Il ne l'a pas
fait; et vous voudrez condamner les trois accusés ? Mais ce
n'est pas possible. Vous devez condamner tous les quatre
accusés ou acquitter ceux-ci... Je ne veux pas éterniser
ces tristes débats. Je termine, Messieurs, en vous priant
de ne pas oublier que mon client a son casier judiciaire
vierge de toute condamnation ; que par ce courrier ou le
prochain, il attend ses deux enfants ; de ne pas oublier
surtout, et c'est sur ce point que je me permets d'appeler
votre attention d'une façon toute spéciale : que mon
client a été entraîné à commettre l'acte blâmable qui lui
est reproché, influencé qu'il a été par la haute situation de
M. le général Reste; qu'il y a eu suggestion morale qui le
rendait incapable d'apprécier ce qu'il faisait, annihilant
ainsi toute volonté de sa part; action qu'il commettait sans
intention de lucre.

Souvenez-vous, Monsieur le Président, que devant vous
comparaît un brillant officier de notre armée, n'oubliez
pas **qu'une condamnation, si minime qu'elle soit,
est la perte de sa situation.**

Eh bien non! vous ne pouvez pas les condamner, excu-
sez-moi de vous le dire, mais je serais en droit de sup-
poser que, lorsqu'on a des étoiles, on peut faire ce que
l'on veut, et que si l'on n'a que de simples galons et même
pas du tout, on est puni.

Et puis encore, Messieurs, ce qui me fait vous demander
l'acquittement des trois accusés, c'est qu'il n'y a pas eu
intention de nuire à M. Le Vasseur, de la part des accusés.

M. le capitaine Devrez croyait rendre un service particulier à son chef, mais jamais il n'a supposé que l'on en avait fait l'état que chacun sait.

Tous trois ont été trompés par M. le général dans cette affaire. M. le général Reste a caché la vérité à son officier.

Croyez-vous, Messieurs, s'il lui avait dit l'usage public qu'il allait faire de ces documents, que M. Devrez n'aurait pas refusé? Certainement qu'il aurait refusé, comme auraient refusé Darribes et Chuan.

Lorsqu'un homme, Messieurs, s'associe avec d'autres pour commettre une mauvaise action, il doit toute la vérité à ses complices, il ne leur cache pas la vérité ainsi que l'a fait M. le général Reste.

Donc, Messieurs, les accusés sont innocents, vous devez les acquitter.

Je termine, Monsieur le Président, et j'ose espérer de votre impartialité, de votre justice, que vous acquitterez purement et simplement les trois accusés, à la satisfaction de tous, **même du plaignant, j'ose le dire; cet acquittement sera la condamnation de M. le général Reste.**

JUGEMENT

ATTENDU QUE SI, AUX TERMES DE L'ARTICLE 379, LES FAITS INCRIMINÉS CONSTITUENT **UN VOL**, IL N'EN EST PAS MOINS VRAI QU'IL **FAUT Y VOIR SURTOUT UN ACTE D'UNE SUPRÊME INDÉLICATESSE, DONT LA PLUS GRANDE PART DE RESPONSABILITÉ INCOMBE A CEUX QUI EN ONT ÉTÉ LES INSTIGATEURS,** ET QUI PAR LEUR SITUATION SOCIALE PLUS ÉLEVÉE, ÉTAIENT A MÊME, MIEUX QUE LES AUTRES, D'EN CONNAITRE DAVANTAGE LA GRAVITÉ ET LE CARACTÈRE ODIEUX ;

QU'UN TEL ACTE TOMBE SOUS LE MÉPRIS PUBLIC, PLUTOT QU'IL NE MÉRITE UNE RÉPRESSION SÉVÈRE ;

QU'IL Y A LIEU, DANS CES CONDITIONS, DE FAIRE BÉNÉFICIER LES PRÉVENUS DES CIRCONSTANCES ATTENUANTES DANS UNE LARGE MESURE ET DANS DES PROPORTIONS DIFFÉRENTES ;

QU'IL FAUT EN OUTRE TENIR COMPTE A CHUAN DE SA DÉTENTION PRÉVENTIVE ;

POUR CES MOTIFS,

STATUANT CONTRADICTOIREMENT, EN CE QUI

CONCERNE CHUAN ET DARRIBES, ET PAR DÉFAUT, A L'ÉGARD DU CAPITAINE DEVREZ,

CONDAMNE :

CHUAN,   A 16 FRANCS D'AMENDE ;
DARRIBES, A 50 FRANCS   —
DEVREZ,   A 200 FRANCS   —

———

Aux termes de ce jugement, M. le capitaine Devrez, s'il n'en fait pas appel et ne parvient pas à le faire réformer, sera, en vertu de l'article 201 du code de justice militaire, déchu de ses droits civils et politiques, privé de son grade d'officier, et rayé des cadres de la Légion d'honneur.

Par le fait même du verdict, M. Devrez a quitté Hanoï, le jeudi 27 octobre, pour rentrer en France par le courrier de Chine le *Saghalien*. Il ne portait dès lors déjà plus ses galons, ses insignes, ni sa croix [1].

Par décret de M. le Président de la République, M. le général Reste a été relevé de son commandement des troupes de l'Indo-Chine, rappelé en France et remplacé par M. le général de brigade Duchemin.

———

Il ne m'appartient pas d'appuyer sur les suites de ces débats : les formules que j'en tirerais sembleraient enta-

———

[1] *Indépendance Tonkinoise*, 29 octobre 1892.

chées d'animosité personnelle, et je déclare ici n'en pas
avoir.

Mais la vérité, pour tous évidente, est que, si la culpa-
bilité des condamnés subsiste, leur responsabilité diminue
pour augmenter celle du général Reste. L'Annamite
Chuan, en particulier, a payé par une longue détention le
vol effectif commis, qui lui a été présenté comme un
simple service particulier à rendre à un ancien patron. Le
sieur Darribes a trouvé là le moyen de satisfaire une
vengeance personnelle, mais il ignorait peut-être quel
usage ses complices voulaient faire du papier qu'il a
dérobé.

Le capitaine Devrez seul semble plus coupable, car,
dès le premier jour, il a mis en avant cette théorie singu-
lière qu'il avait obéi à l'ordre de ses chefs, et que, par
suite, il n'était plus responsable. La justice française a
montré ce que valait cette échappatoire. Je ne m'appesan-
tirai pas au cas particulier : en thèse générale, je prétends
que l'ordre donné par un supérieur de faire une chose
mauvaise ne force pas l'inférieur à la commettre : je prétends que tout officier est soumis d'abord à toutes les lois
du citoyen, et ensuite à d'autres lois spéciales encore
plus rigoureuses : mais que les secondes ne peuvent que
confirmer les premières : je prétends que, si les tribunaux
militaires d'exception ne sont faits que pour supprimer
certains délits, ils ne font plus œuvre de justiciers, mais
œuvre de sectaires ; et que, si les officiers, pour être
soumis aux codes militaires, se croient exempts de la
soumission aux codes français, ils en reviennent à cette
conception de l'armée hors de la nation, qui ne ferait plus
de cette armée, que nous devons tous infiniment respecter,
qu'une bande de prétoriens et d'oppresseurs.

D'ailleurs, j'ai vu en France les anciens chefs du capitaine Devrez : ils m'ont dit qu'il avait dû agir par incon-

science. J'y souscris volontiers pour ma part; et puisque, après avoir publiquement dénoncé et flétri le général Reste comme le vrai coupable, le Ministère public a appelé la clémence des juges sur le capitaine Devrez, puisque M. Le Vasseur, par un mouvement des plus dignes, a appelé la pitié des hautes juridictions sur la situation malheureuse de cet officier, ce n'est certes pas moi qui lui refuserai la mienne. Et si je vais tout à l'heure réclamer la juste punition du principal coupable, je serai le premier à proposer, pour M. Devrez, le pardon de l'inconscience, que ses chefs ont plaidée pour lui.

ACTION CIVILE CONTRE LE GÉNÉRAL RESTE

Le général Reste ainsi découvert ne pouvait songer à se retirer seul indemne d'une situation criminelle qu'il a provoquée et où il avait, pour tâcher de se sauver, abandonné ses complices.

Une action au civil est intentée contre lui par M. Le Vasseur :

« *Voilà donc irrémédiablement flétri, par les paroles tombées de la bouche d'un magistrat, ce général sur le compte duquel nous avons, dès le premier jour, donné notre opinion, ce général qui s'est permis de nous qualifier de lâche, de traître et de mauvais Français, et que nous avons le droit, nous, aujourd'hui, de qualifier* D'INSTIGATEUR AU VOL ET DE RECÉLEUR. *Nous sommes, nous l'avouons, profondément affecté que les choses en aient pu arriver à ce point, profondément affecté de voir les étoiles d'un général compromises dans un acte aussi avilissant que celui qui a été commis ; et cependant ce n'est point assez : car il importe que, malgré ses étoiles, celui qui est l'instigateur de tout ce qui s'est passé, et qui, par suite, est le seul véritablement coupable, soit puni plus encore : ce sera l'affaire du tribunal civil auquel nous nous adressons pour lui demander réparation des préjudices matériels qui nous ont été causés par ce vol, et par l'usage qui en a été fait[1]. »*

Cette action a été intentée pour déterminer la part définitive du général dans l'affaire, et lui rendre le rôle odieux qu'il a tenté de rejeter sur ses inférieurs.

Ce rôle sera ensuite apprécié par la justice militaire, à laquelle viennent d'être déférés les actes du général Reste par la plainte officielle dont la teneur suit.

ACTION CONTRE LE GÉNÉRAL RESTE

EN JUSTICE MILITAIRE

Cette plainte, qui reprend, depuis les premiers jours de l'action, la conduite du général Reste, renferme d'autres griefs contre lui, concernant des abus de pouvoir contre des inférieurs, des mensonges nombreux, des délations anonymes, et tout spécialement concernant la soustrac-

---

[1] *Indépendance Tonkinoise*, 24 octobre 1892.

tion opérée par le général Reste, d'un témoignage officiel qui lui avait été transmis pour être joint aux pièces d'un conseil d'enquête.

Je n'étendrai pas le débat présent en y ajoutant d'autres éléments : aussi je n'insère de la plainte que les passages touchant le vol incriminé et ses conséquences ; mais j'établis dès maintenant que l'affaire des papiers volés n'est qu'un seul des nombreux faits déshonorants reprochés à M. le général Reste.

RAPPORT AU MINISTRE DE LA GUERRE

... Je n'insisterai plus sur la façon dont j'ai été prévenu de mon conseil d'enquête, sur les entraves qu'on a mises à ma défense, sur le refus qu'on a fait d'entendre mes témoins et moi-même. J'appuie seulement sur ce fait, que la seule soi-disant preuve matérielle qu'on a cru pouvoir m'opposer, et dont j'ai démontré l'inanité sans peine, est un papier volé dans une maison particulière, avec la complicité payée d'un domestique indigène ; et que, si la justice avait pu suivre son libre cours, ce vol aurait déjà eu de terribles conséquences pour les voleurs et les recéleurs.

J'appuie sur ce fait : qu'ayant donné à M. le commandant B..., chargé d'une commission rogatoire, des détails particuliers et de famille, que nul ne pouvait connaître, et qui auraient dû rester entre l'interrogé, l'interrogateur et l'État-major, ces détails se sont, trois jours après, trouvés dans une lettre anonyme, publiée dans un journal de Haïphong ;... et que nous sommes convaincu d'avoir reconnu là, la main d'un capitaine de l'État-major, qui a jadis écrit dans *l'Indépendance*, et qui, sur l'ordre du général, et d'après les documents fournis par lui, a fait, dans un autre journal, la campagne de presse contre l'amiral Fournier, cent fois plus agressive que celle qu'on a jamais pu faire contre le général Reste [1].

... J'appuie enfin sur ce fait : que M. d'Albaret, résident de France à Quinhon, a envoyé télégramme et lettre au général en chef, le tout en ma faveur. J'en ai la preuve écrite et formelle. Et j'affirme que ces pièces ont été soustraites par le général Reste et n'ont été communiquées ni à moi, ni au conseil d'enquête.

Signé : POUVOURVILLE.

[1] Il s'agit ici du même capitaine Devrez, et M. le Procureur de la République, en la séance du 29 octobre 1892, a donné, à ce bruit public, l'appui de sa parole autorisée.

PLAINTE EN CONSEIL SPÉCIAL

Établie contre M. Reste, général de brigade
Adressée à M. le Ministre de la Guerre.

« Nancy, 18 octobre 1892.

« Monsieur le Ministre,

« ... Le rapport ci-joint ne mentionne absolument que des faits matériels, qui ne peuvent être mis en doute par personne, et qui établissent la situation d'une manière logique et parfaitement claire.

« ... Le général, arguant d'une liaison d'amitié qui unissait depuis cinq ans le lieutenant et M. Le Vasseur, rédacteur en chef de *l'Indépendance Tonkinoise* et ancien officier de la légion étrangère, imagina de l'accuser d'être l'auteur d'articles publiés dans ce journal contre l'Armée. Le lieutenant n'aurait pas eu plus de peine à se justifier de cette accusation que des précédentes, si on avait voulu l'écouter. D'ailleurs, ces articles n'étaient nullement hostiles à l'Armée, mais uniquement au général, dont ils dévoilaient l'incapacité et les maladresses. En outre, ils avaient commencé à paraître avant l'arrivée du lieutenant au Tonkin ; ils ont continué après son départ, et *l'Indépendance Tonkinoise* n'est pas le seul journal à en publier de semblables. Le général, affectant de ne pas comprendre qu'il était seul mis en cause, fit paraître une de ces notes bizarres dont il a la spécialité, et qui excitent la stupéfaction de tous ceux qui les lisent ; il y traitait de lâches et de traîtres les auteurs des articles hostiles « à l'Armée », sans reconnaître que ces articles n'étaient hostiles qu'à lui personnellement, et non à l'Armée, dont il n'était que le chef temporaire, inhabile et incapable. Mais, je le répète encore, le lieutenant n'était pour rien dans ces publications. La seule dont il soit l'auteur, et il ne s'en cache pas, c'est, en 1891, un article : « *Pro Domo mea* », écrit en faveur de la milice tonkinoise injustement attaquée, et deux ouvrages sur le Tonkin, fruits de ses études et de ses observations sur les mœurs, les coutumes, les habitudes des divers peuples de l'Extrême-Orient, pendant qu'il était Inspecteur des milices, et qui ne sont qu'un long panégyrique de l'armée coloniale et de la légion étrangère en particulier [1].

« Il s'en est si peu caché qu'il en a envoyé des exemplaires à plusieurs officiers généraux et cercles militaires. Le général Gallimard entre autres a reçu ces deux ouvrages et l'en a remercié. Mais tout cela n'était pas suffisant : on eut recours aux lettres anonymes : une première, publiée dans un journal de Haïphong, contenait des détails fournis quelques jours auparavant par le lieutenant à un officier supérieur chargé par le général de lui faire subir un interrogatoire dans sa prison.

« Une seconde, publiée dans le n° 111 du journal *Le Tonkin*, du mercredi 6 juillet 1892, contenait l'odieuse accusation d'avoir fourni des renseignements aux pirates et de leur avoir livré des armes. Ce procédé est trop révoltant pour que je ne cite pas en entier, et textuellement, l'article qui en fait mention, et dont voici la copie exacte :

« *Nous recevons de Hanoï la lettre anonyme suivante :*

« *Dernières nouvelles.*

« *Nous apprenons par un officier de l'État-major, que le lieutenant de P..., gardé au secret depuis quelques jours*

---

[1] Volumes signés Mat Gioi, et portant comme titre : *Le Tonkin actuel* et *Deux Années de Luttes.*

à la citadelle de Sontay, est convaincu d'avoir, depuis deux mois, communiqué aux rebelles des renseignements importants, de s'être mis en relations avec les pirates, pour les informer de nos colonnes et de nos mouvements, et avoir livré ou fait livrer quinze fusils aux rebelles de la province de Hong hoa.

« Cet officier va être traduit devant un conseil de guerre, où les plus importantes révélations seront faites. »

« Le Directeur du journal, indigné du rôle qu'on lui faisait jouer, ajoutait à cette lettre les observations suivantes :

« L'autre jour déjà, concernant la même personne, nous avions reçu une lettre l'accusant de différentes choses mal définies, et le confondant entre autres avec un collaborateur zélé de l'Indépendance.

« Notre bonne foi a été surprise une fois ; elle ne le sera pas deux. Nous savons maintenant qu'il n'y a que des rapports de sympathie entre les deux personnages visés. Nous savons aussi que les deux lettres que nous avons reçues sont l'œuvre, en sous-main, de personnes qui, seules, pouvaient avoir les renseignements qu'elles contenaient, et qui semblent avoir assez peu de pudeur en attaquant par des délations anonymes un officier qu'elles ont le pouvoir de convaincre au grand jour s'il est coupable. Il ne nous plaît pas de prendre parti dans l'affaire ; nous pensons que l'officier incriminé n'aura pas de peine, nous voulons le croire, à se laver d'accusations idiotes, et qu'on essaie de rendre publiques par des moyens aussi infâmes que des lettres non signées. Mais en attendant, nous prévenons ceux qui les écrivent, que nous n'entendons pas nous faire les auxiliaires d'exécutions semblables ni de vengeances personnelles.

« Le Tonkin n'est pas fait pour ces besognes-là.

Signé : « G. QUEYROUL. »

« Je n'insisterai pas sur l'ignominie de ces procédés, qui ont révolté la conscience publique à Hanoï, et ont soulevé une indignation universelle contre le général Reste.

« Il me suffira de faire remarquer que ces accusations étaient tellement absurdes, que personne des accusateurs du lieutenant n'a jamais osé y faire seulement allusion.

« Quant à l'auteur des lettres anonymes, et à ses accointances avec le général Reste, il sera facile de le découvrir dès qu'on voudra s'en donner la peine ; personne, à Hanoï, n'a de doute à ce sujet.

« Ce n'est pas tout, et le caractère odieux de ces procédés a été dépassé encore, si c'est possible, par le fait suivant : le principal chef d'accusation présenté au Conseil d'enquête, était la prétendue collaboration du lieutenant à *l'Indépendance Tonkinoise*. Or, la paternité de tous les articles incriminés par le général était revendiquée hautement pour les uns, signés A. L. V., par M. Le Vasseur ; pour les autres, signés Tac, par M. Morice. J'ai entre les mains leurs déclarations formelles à ce sujet. Il fallait cependant trouver moyen de soutenir cette accusation, autrement que par des paroles. Or, dans la période d'une dizaine de jours qui a précédé le Conseil, UN VOL de manuscrits a été commis dans le domicile de M. Le Vasseur ; ces manuscrits, qui étaient de l'écriture du lieutenant, ont été vainement recherchés. Et, au jour de la réunion du Conseil, ils se sont retrouvés... entre les mains du général Reste ! !

« Inutile de dire que cette preuve, soi-disant matérielle et accablante, n'en était pas une. Mais eût-elle été même sérieuse, que dire du procédé employé pour se la procurer ? Que dire surtout, et que penser d'un officier général qui ne craint pas d'en faire usage, après s'être fait le complice d'un VOL, en recélant l'objet qu'il savait VOLÉ ?

« Je pourrais arrêter ici cette plainte, déjà bien longue,

qui suffirait, et au delà, s'il s'agissait d'un modeste officier subalterne, á le faire ignominieusement chasser de l'armée. Mais je dois aller jusqu'au bout, et nous n'en avons pas fini avec les abus de pouvoir et les mensonges.

« La réunion du Conseil fut fixée au 8 juillet; le lieutenant ne fut informé que TRENTE-SIX HEURES à l'avance, de cette date et des accusations auxquelles il aurait à répondre. Je ne reviendrai pas sur les entraves qui furent mises à sa défense, sur le refus qui lui fut opposé d'entendre ou de recevoir les quelques témoignages qu'il avait eu à grand'peine le temps de réunir; ces faits sont détaillés dans ma lettre du 20 septembre et dans le rapport qui l'accompagne.

« Mais j'appelle votre attention, monsieur le Ministre, sur d'autres faits que je n'ai appris que postérieurement. On s'inquiétait si peu de se conformer à la vérité, que le général a fait passer le lieutenant comme servant au titre étranger, et c'est en cette qualité qu'il a comparu devant le Conseil : or, il n'a jamais servi qu'au titre français...

« Enfin, un témoignage de M. d'Albaret, résident à Quinhon, entièrement favorable au lieutenant dont il affirmait hautement l'honnêteté, le courage et le désintéressement, et adressé, AVANT LA SÉANCE, au général (j'en ai la preuve entre les mains), fut conservé par ce dernier au lieu d'être communiqué aux membres du Conseil, qui n'en eurent jamais connaissance.

« La séance terminée, et le Conseil dissous, le dossier fut transmis au général. La première conséquence devait être la mise en liberté de l'officier objet de l'enquête, jusqu'à la décision ministérielle à intervenir. Il n'en fut rien, et le lieutenant fut maintenu au secret à la citadelle de Sontay.

« De plus, comme l'avis du Conseil sur toutes les questions, en dépit des manœuvres déloyales employées, n'était peut-être pas tout à fait conforme au désir de vengeance du général, il conserva pendant un mois le dossier entre les mains, sous prétexte qu'il en avait besoin pour un autre Conseil devant lequel comparut, huit jours plus tard M. Le Vasseur ; et, comme il ne pouvait, sans s'exposer lui-même à une répression sévère, prolonger indéfiniment cette séquestration, il décida que le lieutenant serait transféré de la citadelle de Sontay à bord du *Comorin*, pour partir le 31 juillet et être dirigé sur le dépôt de son corps, à Sidi-bel-Abbès...

« Voilà, monsieur le Ministre, le récit exact des faits qui se sont succédés depuis l'arrivée du lieutenant au Tonkin, en janvier 1892, jusqu'à ce jour. Vous y verrez l'origine de la haine du général Reste, haine qui s'accentue chaque jour davantage et qui se traduit par des actes arbitraires et des abus de pouvoir de plus en plus violents. Ces actes constituent contre la discipline des fautes d'autant plus graves et dangereuses, qu'elles viennent d'un chef plus élevé en grade ; elles sont de nature à porter, si elles ne sont sévèrement réprimées, un coup mortel aux sentiments de déférence, d'obéissance et de dévoûment que nous devons tous à nos chefs, sentiments qui ne peuvent exister qu'à la condition expresse que l'inférieur se sache protégé contre les supérieurs qui abusent de leur pouvoir pour satisfaire des haines personnelles.

« D'autre part, cette haine a pris un tel empire sur le général Reste, qu'elle a fini par lui faire commettre des actes honteux, tels que lettres anonymes renfermant des détails que lui seul avait pu fournir, emploi de documents qu'il savait avoir été volés, dissimulation de pièces, etc.

Vous êtes, monsieur le Ministre, le chef suprême de l'Armée, en même temps que le défenseur naturel de tous ceux qui sont l'objet de violences et d'injustices.

« C'est à ce titre donc, et avec une entière confiance dans votre équité, que je vous prie de vouloir bien adresser à

M. le Ministre de la Marine une plainte à l'effet de faire traduire devant un Conseil spécial **M. Reste**, général de brigade :

« 1° **Pour fautes graves contre la discipline ;**
« 2° **Pour fautes contre l'honneur.**

Signé : « Pouvourville. »

PIÈCES A L'APPUI

Cette plainte est accompagnée et certifiée de 45 pièces à l'appui, dont beaucoup officielles : des copies et des extraits en ont été adressés au ministère de la Guerre. Les originaux sont en lieu sûr.

FIN

Saint-Denis. — Imprimerie H. Bouillant, 20, rue de Paris.